Leistungsbild und Honorierung

Nr. 29

HOAI – Besondere Leistungen bei der Objektplanung Freianlagen

Hinweise zur Abgrenzung zwischen Grundleistungen und Besonderen Leistungen im Leistungsbild der Freianlagen nach der HOAI 2021 und frühere Regelungen der HOAI 2009 und HOAI 2013

Stand: Juli 2021

erarbeitet von der
AHO-Fachkommission „Objektplanung Freianlagen"

2., vollständig überarbeitete und aktualisierte Auflage

Ausschuss der Verbände und Kammern
der Ingenieure und Architekten
für die Honorarordnung e.V.

Reguvis

Kooperationspartner des
Bundesanzeiger Verlages

Bibliografische Information Der Deutschen Bibliothek
Die Deutsche Bibliothek verzeichnet diese Publikation in der Deutschen Nationalbibliografie; detaillierte bibliografische Daten sind im Internet über: http://dnb.ddb.de abrufbar.

Herausgeber: AHO e.V.
Tauentzienstraße 18
10789 Berlin
Telefon: (030) 3101917-0
Telefax: (030) 3101917-11
E-Mail: aho@aho.de

Redaktionelle Bearbeitung: AHO-Fachkommission „Objektplanung Freianlagen" unter Einbindung aller Fachkommissionen

Dieses Heft erscheint im Rahmen der AHO-Schriftenreihe als unverbindliche Honorierungsempfehlung und Praxishilfe. Die Honorierungsvorschläge entfalten keinerlei rechtliche Bindungswirkung. Bei der Zusammenstellung des Inhalts wurde mit größter Sorgfalt vorgegangen. Haftungsansprüche gegen den Herausgeber, die Autoren oder den Verlag sind jedoch ausgeschlossen.

ISBN 978-3-8462-1332-2
2., vollständig überarbeitete und aktualisierte Auflage Juli 2021
1. Auflage März 2013

Printed in Germany

Mitglieder der AHO-Fachkommission „Objektplanung Freianlagen“

Dipl. Ing. Dieter Herrchen, Leiter der AHO-Fachkommission	Landschaftsarchitekt, Wiesbaden
Dipl.-Ing. (FH) Klaus-Dieter Aichele	Landschaftsarchitekt, Mainz
Dipl. Ing. (FH) Fritz Erhard	Landschaftsarchitekt, Lenggries
Dipl. Ing. (FH) Maximilian Köppel	Landschaftsarchitekt, München
Dipl. Ing. (FH) Mirjam Mohrlüder	Landschaftsarchitektin, Mainz
Dipl.-Ing. (FH) Dieter Pfrommer	Landschaftsarchitekt, Stuttgart
Dipl.-Ing. (FH) Matthias Schmauder-Werner	Landschaftsarchitekt, Speyer
Dipl.-Ing. Karsten Standke	Landschaftsarchitekt, Mittenwalde
Dipl.-Ing. (FH) Hubert Wendler	Landschaftsarchitekt, München

Beratend unterstützt durch die Geschäftsstelle des AHO

RA Ronny Herholz	Geschäftsführer des AHO, Berlin
RA Dr. Maria-Rebecca Legat	Justiziarin des AHO, Berlin

Allgemeines Vorwort zur AHO-Schriftenreihe

Eine für Auftraggeber und Auftragnehmer transparente und nachvollziehbare Honorarermittlung gibt Orientierung im Vergabeprozess, unterstützt die vertragliche Vereinbarung im Einzelfall und hilft damit nicht zuletzt, zeitaufwendige und kostenträchtige Streitfälle zu vermeiden. Honorare sollten daher systematisiert, nachvollziehbar und möglichst einheitlich ermittelt werden.

Nach dem Wegfall der verbindlichen Mindest- und Höchstsätze infolge eines Urteils des Europäischen Gerichtshofes regelt die Honorarordnung für Architekten und Ingenieure (HOAI 2021) auch künftig die Maßstäbe und Grundlagen für die Berechnung von Honoraren für die von der HOAI erfassten Leistungen und bietet weiterhin einen verlässlichen Orientierungsrahmen zur Kalkulation angemessener Honorare im Einzelfall.

Die Bedeutung der vertraglichen Vereinbarung über die zu erbringenden Planungsleistungen und deren Honorierung wird mit der ab 1.1.2021 geltenden HOAI 2021 weiter zunehmen, denn die bisherigen Regelungen zu den verbindlichen Mindest- und Höchstsätzen werden durch den Grundsatz ersetzt, dass sich das Honorar nach der Vereinbarung der Parteien richtet.

Diese Honorarvereinbarung muss nicht – wie bisher – schriftlich zum Zeitpunkt der Auftragserteilung geschlossen werden, um wirksam zu sein. Künftig ist es ausreichend, wenn diese Vereinbarung in Textform (z.B. per E-Mail) erfolgt. Sofern die Parteien keine Vereinbarung in Textform geschlossen haben, gilt der „Basishonorarsatz" als vereinbart, der anstelle des bisherigen Mindestsatzes eingeführt wurde und diesem entspricht. Diese Regelung übernimmt damit die Wertung des § 7 Abs. 5 HOAI 2013, ist aber im Gegensatz zu dieser als widerlegliche Vermutung ausgestaltet. Entsprechend einer Forderung des Berufsstandes der Architekten- und Ingenieure wurden die Fachplanungsleistungen der Anlage 1 Bauphysik, Geotechnik, Ingenieurvermessung sowie Umweltverträglichkeitsstudie den Grundleistungen der HOAI gleichgestellt. Das bedeutet, dass für diese Leistungen alle Allgemeinen Vorschriften (Teil 1 HOAI) uneingeschränkt anwendbar sind, beispielsweise die Vorschriften zur Honorarermittlung, aber auch die Regelung in § 7 Abs. 1 HOAI über die Anwendung des Basishonorarsatzes, sofern keine Vereinbarung über die Höhe der Vergütung getroffen wurde.

Aber auch für Besondere Leistungen sowie Planungsleistungen, die nicht in der HOAI geregelt sind, besteht ein großes praktisches Bedürfnis an Empfehlungen zur systematischen Honorarermittlung. Der AHO hat es sich mit seinen mehr als 24 Fachkommissionen und Arbeitskreisen zur Aufgabe gemacht, diese Lücke zu füllen. Seit 1987 werden die Beratungsergebnisse der mit Ingenieuren, Architekten und Stadtplanern interdisziplinär besetzten Arbeitsgremien in der „Grünen Schriftenreihe" veröffentlicht und erfreuen sich zunehmender Nachfrage, nicht zuletzt, weil die Spezialisierung der Planung angesichts zunehmender Komplexität stetig steigt.

Im Gegensatz zu den Grundleistungen gemäß § 3 Abs. 1 HOAI, die in den einzelnen Leistungsbildern abschließend erfasst und deren Bewertungen in die Honorartafeln der HOAI eingeflossen sind, werden Besondere Leistungen in der HOAI zwar beispielhaft aufgeführt, jedoch weder näher definiert noch bewertet. § 3 Abs. 2 HOAI enthält lediglich den Hinweis, dass die Aufzählung der Besonderen Leistungen in der HOAI nicht abschließend ist. Dementsprechend beinhaltet die AHO-Schriftenreihe z.B. Leistungsbilder und Honorierungsempfehlungen für Leistungen des Brandschutzes, der Baulogistik oder der Verkehrsplanung.

Die Honorare für Besondere Leistungen können frei und formlos vereinbart werden. Besondere Leistungen können auch in anderen als den angeführten Leistungsbildern oder Leistungsphasen vereinbart werden, soweit sie dort keine Grundleistungen darstellen. In der AHO-Schriftenreihe werden Besondere Leistungen als Anwendungshilfe für Auftragnehmer und Auftraggeber in dem jeweiligen Einzelfall praxisnah beschrieben und regelmäßig aktualisiert. Diesen Leistungen werden, soweit dies möglich ist, Honorierungsvorschläge gegenübergestellt. Diese sind durchgängig als unverbindliche Honorierungsempfehlungen zu verstehen und entfalten keinerlei rechtliche Bindungswirkung. Die vertraglich geschuldeten Planungsleistungen und deren Honorierung bestimmen sich allein nach den Vereinbarungen der Parteien im jeweiligen Architekten- oder Ingenieurvertrag.

Vorwort

Seit Bestehen der Honorarordnung für Architekten und Ingenieure (HOAI) wurde zwischen Grundleistungen als Leistungen, die in den jeweiligen Leistungsbildern erfasst und nach zugeordneten Honorartafeln verpreist sind, und solchen, die zu diesen Leistungen im Einzelfall hinzutreten können und gesondert zu vergüten sind, unterschieden.

Für das Leistungsbild Freianlagen sind Inhalt und die damit verbundenen Grundleistungen in § 39 Abs. 4 und Anlage 11 Nr. 11.1 der HOAI eigenständig geregelt. Dies gilt unverändert auch für die Änderungsverordnung HOAI 2021.

Darüber hinaus sind in Anlage 11 Nr. 11.1 für dieses Leistungsbild eigene Besondere Leistungen aufgelistet. Nach § 3 Abs. 2 sind diese im jeweiligen Leistungsbild genannten Besonderen Leistungen nicht abschließend, sondern nur beispielhaft aufgeführt. Zudem kommen auch alle in anderen Leistungsbildern enthaltenen Besonderen Leistungen hinzu, soweit diese im gegebenen Fall keine Grundleistungen darstellen. Darüber hinaus kommen weitere Besondere Leistungen hinzu, die in keinem anderen Leistungsbild enthalten sind, etwa aus veränderten und erweiterten Anforderungen an die Objektplanung Freianlagen, aus neuen Anforderungen aus Gesetzen und fachlichen Normen und Richtlinien oder aus neuen Aufgabenstellungen der Objektplanung Freianlagen.

Die Abgrenzung der Grundleistungen im Leistungsbild Objektplanung Freianlagen zu Besonderen Leistungen hat sich für die Praxis bereits mit der HOAI 2013 deutlich verbessert. Bei Vertragsverhandlungen und -vereinbarungen bestehen aber weiterhin in vielen Fällen Zweifel, ob Vertragsleistungen als Grundleistungen oder Besondere Leistungen gelten, was auch an den vor der HOAI 2013 geltenden Regelungen hierzu liegt. So wurden z.B. die mit der HOAI 2009 eingeführten und mit der unklaren Begrifflichkeit der „Anderen Leistungen" bezeichneten Leistungen mit der HOAI 2013 wieder abgeschafft und gelten seither ebenso als Besondere Leistungen. Darüber hinaus wurden im Zuge der Neufassung der HOAI bereits im Jahr 2009 Leistungen dereguliert, die seither den Besonderen Leistungen zugeordnet werden müssen.

Diese Sachverhalte der HOAI 2013 sind mit der HOAI 2021 unverändert geblieben. Sie gaben der AHO-Fachkommission „Objektplanung Freianlagen" den Anlass, die in der Praxis bewährte Arbeitshilfe zur Bestimmung, Abgrenzung und Vergütung von frei zu vereinbarenden Leistungen bei der Objektplanung Freianlagen an die geänderten Bestimmungen sowie an veränderte und erweiterte Anforderungen anzupassen und das Heft 29 in einer 2. Auflage neu aufzulegen.

Wie alle Hefte der AHO-Schriftenreihe durchlief auch dieses Heft das Sichtungs- und Prüfungssystem des AHO, indem es von allen 24 Fachkommissionen und Arbeitskreisen und den darin tätigen Fachleuten aus Verbänden und Kammern des Planungswesens bestätigt und getragen wird. Es dokumentiert dabei, dass der AHO mit dem geltenden Preisrecht nicht berufsbezogen, sondern leistungsbezogen denkt und handelt und im Querschnitt für alle daran beteiligten Disziplinen und Berufsgruppen tätig ist.

Die Fachkommission bedankt sich bei allen weiteren AHO-Fachkommissionen für die Unterstützung bei der Erstellung des Heftes. Weiterer Dank gilt Herrn Geschäftsführer Rechtsanwalt Ronny Herholz, Frau Justiziarin Rechtsanwältin Dr. Maria-Rebecca Legat und den Mitarbeiterinnen der Geschäftsstelle des AHO.

Berlin, im Juli 2021

Dieter Herrchen

– Leiter der AHO-Fachkommission „Objektplanung Freianlagen" –

Inhaltsverzeichnis

1 Einleitung

Mit der Änderungsverordnung der HOAI 2021, die am 1.1.2021 in Kraft getreten ist, wurde der Regelungsumfang der Honorarordnung für Leistungen der Architekten und Ingenieure in Deutschland verändert.

Die folgenden Ausführungen befassen sich mit den seither geltenden Regelungen für Leistungen der Objektplanung Freianlagen. Die Begriffsbestimmung der „Freianlagen" wird wie auch in der HOAI 2013 in § 39 Abs. 1 HOAI geregelt. Das Leistungsbild als Bezug für Tafelwerte ist weiterhin in der Anlage 11 Nr. 11.1 der HOAI abgebildet.

Im Vergleich zur HOAI 2013 werden die Honorare für die Grundleistungen der Flächen-, Objekt- und Fachplanungen nun jedoch nicht mehr verbindlich geregelt. Stattdessen spricht der neu hinzugekommene § 2a Abs. 1 HOAI von den Honorartafeln der Verordnung als Orientierungswerten, „die an der Art und dem Umfang der Aufgabe sowie an der Leistung ausgerichtet sind". Dementsprechend spricht der geänderte § 40 HOAI nun nicht mehr von festgesetzten Mindest- und Höchstsätzen der Honorare, sondern weist eine Honorartafel aus, deren aufgeführte Honorarspannen für die in der Anlage 11 Nr. 11.1 genannten Grundleistungen für Freianlagen Orientierungswerte darstellen. Diese Orientierungswerte werden nun als Honorarspannen zwischen einem Basissatz und einem oberen Honorarsatz bezeichnet, wobei diese in der jeweiligen Höhe der nicht veränderten Honorartafel mit den Mindest- und Höchstsätzen der Tafelwerte der HOAI 2013 entsprechen.

Der ebenfalls geänderte § 7 HOAI zur Honorarvereinbarung regelt darüber hinaus in Absatz 1 verbindlich, dass, sofern keine Vereinbarung über die Höhe des Honorars in Textform getroffen wurde, der jeweilige Basishonorarsatz als vereinbart gilt.

In Absatz 2 wird dem Verbraucherschutz mit der neuen Regelung dahingehend Rechnung getragen, dass Verbraucher vor Abgabe einer verbindlichen Vertragserklärung zur Honorarvereinbarung in Textform darauf hinzuweisen sind, dass auch von den Tafelwerten abweichende Honorare vereinbart werden können.

2 Grundlagen und Definitionen

Die neu in der HOAI 2021 geschaffenen Orientierungswerte zur Vergütung (Honorartafeln mit Honorarspannen) gelten der Erbringung von Grundleistungen, sofern zur Vergütung eine textliche Vereinbarung getroffen wurde. Ohne textliche Vereinbarung gilt verbindlich der jeweilige Basishonorarsatz. Vergütungen für darüber hinausgehende Besondere Leistungen oder weitere Fachplanungs- oder Beratungsleistungen sind hierin nicht enthalten.

Als Überblick und Grundlage für die anschließenden Ausführungen bedarf es zunächst einer Definition der in der HOAI verwendeten Begriffe für Leistungen.

2.1 Grundleistungen

„Grundleistungen" werden in § 3 Abs. 1 HOAI als Leistungen definiert, die „regelmäßig im Rahmen von Flächen-, Objekt- oder Fachplanungen auszuführen" und „zur ordnungsgemäßen Erfüllung eines Auftrags im Allgemeinen erforderlich" sind. Sie werden „in Leistungsbildern erfasst", die sich wiederum in „Leistungsphasen" gliedern. Für das Leistungsbild Freianlagen sind sie in § 39 Abs. 3 und 4 HOAI und Anlage 11 Nr. 11.1 der HOAI beschrieben und in neun Leistungsphasen gegliedert.

2.2 Besondere Leistungen

Der Begriff der „Besonderen Leistungen" wird in § 3 Abs. 2 HOAI geregelt:

- Neben Grundleistungen können Besondere Leistungen vereinbart werden.
- Besondere Leistungen sind in den jeweiligen Leistungsbildern nicht abschließend aufgezählt.
- Sie können auch für Leistungsbilder und Leistungsphasen, denen sie nicht zugeordnet sind, vereinbart werden, soweit sie dort keine Grundleistungen darstellen.

Für das Leistungsbild Freianlagen sind sie in § 39 Abs. 4 HOAI und Anlage 11 Nr. 11.1 der HOAI beispielhaft beschrieben.

2.3 Weitere Fachplanungs- und Beratungsleistungen

Die HOAI 2021 spricht in der Anlage 1 von „Weiteren Fachplanungs- und Beratungsleistungen". Die den Leistungsbildern der Anlage 1 zugeordneten Besonderen Leistungen sind ebenfalls Besondere Leistungen im Sinne der HOAI.

2.4 Leistungsbegriffe in früheren Fassungen der HOAI

2.4.1 Grundleistungen

Der Begriff der „Grundleistungen" war mit der Neufassung der HOAI 2009 abgeschafft worden. Die versehentlich in der HOAI verbliebenen Begriffe in den §§ 20 Abs. 6 und 21 Abs. 4 sowie in den Anlagen 1 und 2 der HOAI (dort war der Begriff Grundleistung noch aufgeführt) wurden als redaktionelle Fehler bei der Übernahme von vorherigen Regelungen angesehen.

Die HOAI 2009 verwendete stattdessen bis auf diese „redaktionellen Fehler" den Begriff „Leistungen" der Leistungsbilder. Dieser Begriff entsprach damit dem der „Grundleistungen" im bisher verstandenen und verwendeten Sinne. Mit der HOAI 2013 wurden die „Grundleistungen" wieder eingeführt.

2.4.2 Besondere Leistungen

Der Begriff „Besondere Leistungen" war in der HOAI 2009 abgeschafft worden. In den vorher geltenden Fassungen der HOAI war er in § 2 Abs. 3 HOAI 2002 (und wortgleich in den früher geltenden Fassungen) wie folgt definiert:

> *„Besondere Leistungen können zu den Grundleistungen hinzu oder an deren Stelle treten, wenn besondere Anforderungen an die Ausführung des Auftrags gestellt werden, die über die allgemeinen Leistungen hinausgehen oder diese ändern".*

Mit der HOAI 2009 wurden anstelle der Besonderen Leistungen sog. Andere Leistungen eingeführt, die

> *„durch eine Änderung des Leistungsziels, des Leistungsumfangs, einer Änderung des Leistungsablaufs oder anderer Anordnungen des Auftraggebers erforderlich werden".*

Mit der Abschaffung der „Anderen Leistungen" und der erneuten Einführung des Begriffs „Besondere Leistungen" in der HOAI 2013 wurden die vormals zu diesem Begriff gehörenden Voraussetzungen nicht erneut aufgerufen. Nach § 3 Abs. 3 der HOAI 2013 umfassen „Besondere Leistungen" nun alle Leistungen, die keine „Grundleistungen" darstellen. In dieser Folge sind „Besondere Leistungen" nach den Begriffsbestimmungen in den Fassungen der HOAI vor 2009 mit der Neufassung in der HOAI 2013 sowie der HOAI 2021 nicht identisch und nicht direkt vergleichbar.

2.4.3 Beratungsleistungen

Beratungsleistungen waren nach § 3 Abs. 1 der HOAI 2009 einer preisrechtlich nicht verbindlichen Anlage 1 zugeordnet, an der die HOAI 2013 festgehalten hatte. Mit der HOAI 2021 ist der Verweis in § 3 Abs. 1 entfallen und diese Leistungen wurden umbenannt in „Weitere Fachplanungs- und Beratungsleistungen".

3 Leistungsabgrenzungen

Mit der Bestimmung, dass Grundleistungen nur unter der in § 3 Abs. 1 HOAI 2021 genannten Definition gegeben sind, ergeben sich Konsequenzen,

- wenn Grundleistungen nicht im Zuge der Leistungsphasen erbracht werden sollen, in denen sie aufgelistet sind, sondern im Zuge einer früheren oder späteren Leistungsphase. Beispielsweise wenn Grundleistungen der Lph 6 (Vorbereitung der Vergabe) nicht nach den Grundleistungen der Lph 5 (Ausführungsplanung) erfolgen, sondern auf Grundlage des Ergebnisses der Lph 2 (Vorplanung) oder Lph 3 (Entwurfsplanung), handelt es sich um vorgezogene Grundleistungen, die aber im Vergütungssystem der Grundleistungen verbleiben. Aufgrund der vorgezogenen Erbringung der Leistung kann jedoch ein weiterer Vergütungsanspruch als Besondere Leistungen gegeben sein.
- wenn im Zuge eines Auftrags Grundleistungen aus einem anderen Leistungsbild erbracht werden sollen, die im gegebenen Leistungsbild nicht erfasst sind. Beispielsweise wenn zur Objektplanung Freianlagen das „Erstellen eines Grunderwerbsplans und des Grunderwerbsverzeichnisses" beauftragt wird, was im Leistungsbild Freianlagen nicht zu den Grundleistungen, jedoch bei Objektplanungen zu Ingenieurbauwerken oder Verkehrsanlagen zu Grundleistungen der Lph 4 gehört, handelt es sich um fremde Grundleistungen, für die das Vergütungssystem der HOAI keine Regelung vorgibt (vgl. Kapitel 3.1.2).
- wenn bereits erbrachte Grundleistungen nachträglich zu ändern sind.
  Der BGH hat der Auffassung, dass Änderungen von erbrachten Grundleistungen eines Leistungsbilds als „Besondere Leistungen" anzusehen seien, in mehreren Entscheidungen (2007, 2010 und 2012) widersprochen und klargestellt, dass es sich bei solchen Änderungen in der Regel um wiederholt erbrachte Grundleistungen handle. Mit dieser Klarstellung hat der Verordnungsgeber weitere Regelungen in § 10 Abs. 2 HOAI eingebracht, die im dort genannten Einzelfall zusätzliche Vereinbarungen erfordern.

Zur weiteren Differenzierung und Abgrenzung von Grundleistungen und Besonderen Leistungen beim Leistungsbild Freianlagen wird im Folgenden auf deren Besonderheiten eingegangen.

3.1 Grundleistungen

3.1.1 Grundleistungen des Leistungsbilds Freianlagen

Seit der HOAI 2013 gilt ein eigenes Leistungsbild für die Objektplanung Freianlagen in der HOAI. Vorher war das Leistungsbild Freianlagen den Leistungsbildern für Gebäude und raumbildende Ausbauten gleichgeschaltet. Nunmehr sind der Inhalt des Leistungsbilds und die damit verbundenen Grundleistungen in § 39 Abs. 4 und Anlage 11 Nr. 11.1 der HOAI eigenständig geregelt. Sie sind wie bei allen anderen Leistungsbildern zu Leistungsphasen des Leistungsbilds zusammengefasst.

Die Grundleistungen des Leistungsbilds Freianlagen sind in der Tabelle in Kapitel 6 in der linken Spalte im Einzelnen dargestellt.

3.1.2 Grundleistungen aus anderen Leistungsbildern

In der Abgrenzung zwischen Grundleistungen und Besonderen Leistungen können im Einzelfall Konstellationen mit „fremden" Grundleistungen gegeben sein, die neben der Objektzuordnung stehen und diese nicht berühren.

Im Schrifttum wird dieser Sachverhalt im Kommentar von Locher/Koeble/Frik aufgegriffen und es wird dazu ausgeführt:

> *„Eine Ausnahme ergibt sich dann, wenn Grundleistungen aus fremden Teilen für ein konkretes Objekt erbracht werden und das Objekt aus dem fremden Teil nicht bearbeitet wird. Hier sind die Grundleistungen aus anderen Teilen oder Abschnitten der HOAI ausnahmsweise Leistungen in einem bestimmten Leistungsbild (...)."*[1]

Als Beispiel für eine Grundleistung, die zu dem beauftragten Objekt hinzukommt und einem anderen Leistungsbild entstammt, führt der Kommentar unter § 3 Rn. 21 auf:

> *„In der Praxis kann es aber vorkommen, dass solche Grundleistungen aus einem fremden Leistungsbild erbracht werden müssen. Das gilt z.B. bei der ‚Erstellung eines Grunderwerbsplans und des Grunderwerbsverzeichnisses'. Es handelt sich hier um eine Grundleistung der Leistungsphase 4 Objektplanung für Ingenieurbauwerke (§ 43 Abs. 4 i.V.m. Anlage 12.1). Wird die entsprechende Leistung bei der Objektplanung Gebäude verlangt, dann ist sie dort keine Grundleistung. Sie wird auch nicht als Grundleistung aus dem Leistungsbild Objektplanung Ingenieurbeiwerke erbracht. Hier handelt es sich vielmehr ausnahmsweise um eine Besondere Leistung, welche im Rahmen der Objektplanung Gebäude auch als Besondere Leistung honoriert werden muss."*

Entsprechende Beispiele können auch in Bezug auf Leistungen zu Objekten der Freianlagen benannt werden. Denn die HOAI bestimmt nicht, wie Leistungen, die nicht den Grundleistungen des zugeordneten Objekts und Leistungsbilds angehören, dafür aber bei einem anderen Leistungsbild zu den Grundleistungen gehören, bemessen werden müssen. Weil beispielsweise eine Sportanlage nicht zu Objekten der Verkehrsanlagen, sondern zu solchen der Freianlagen gehört, ist auch hier für die „Erstellung eines Grunderwerbsplans und des Grunderwerbsverzeichnisses", die zwar im Leistungsbild Verkehrsanlagen, nicht jedoch im Leistungsbild Freianlagen als Grundleistung gilt, ebenfalls eine Vergütung neben der Grundleistung und, wie oben ausgeführt, als Besondere Leistung erforderlich.

Eine Vergütung dieser Leistungen als Grundleistungen nach dem fremden Leistungsbild scheidet aus, weil alle notwendigen Voraussetzungen hierfür (Leistungsziel, Objektzuordnung, Honorarzone, anrechenbare Flächen oder Kosten etc.) fehlen.

Insoweit ist zusammenzufassen, dass bei vermischten Leistungspflichten von Grundleistungen aus verschiedenen Leistungsbildern davon auszugehen ist, dass die regelmäßig nur in einzelnen Teilleistungen zu erbringenden Grundleistungen aus anderen Leistungsbildern dann als Besondere Leistungen anzusehen und entsprechend frei zu vereinbaren sind. § 3 Abs. 2 der HOAI verdeutlicht dies mit seinem Vorbehalt, dass Besondere Leistungen für Leistungsbilder und Leistungsphasen dann gegeben sind, „soweit sie *dort* keine Grundleistungen darstellen".

1 Locher/Koeble/Frik, Kommentar zur HOAI, 14. Aufl. 2020, § 3 Rn. 10 und 21.

Dies schließt nicht aus, dass eine Planungsaufgabe oder ein Projekt aus mehreren Objekten im Sinne des Preisrechtes bestehen kann und somit Grundleistungen aus unterschiedlichen Leistungsbildern nebeneinanderstehen und vom Auftragnehmer zu erbringen sind. Wird beispielsweise ein Friedhof als Objekt der Freianlagen durch eine Anlage des Straßenverkehrs im Sinne von § 45 Nr. 1 HOAI erschlossen, liegt der oben genannte Fall von mehreren Objekten in einer Planungsaufgabe vor. Abgrenzungsfragen zwischen Grundleistungen und Besonderen Leistungen sind damit nicht berührt.

Die in weiteren Leistungsbildern vorliegenden Grundleistungen, die u.a. auch für das Leistungsbild Freianlagen greifen können, sind als Besondere Leistungen in der Tabelle in Kapitel 6 nicht abschließend in der rechten Spalte aufgeführt.

3.2 Besondere Leistungen

3.2.1 Die Besonderen Leistungen des Leistungsbilds Freianlagen

Seit der HOAI 2013 ist ein eigenes Leistungsbild für die Objektplanung Freianlagen in der HOAI eingeführt und in Anlage 11 Nr. 11.1 der HOAI sind für dieses Leistungsbild eigene Besondere Leistungen aufgelistet worden. Sie sind wie bei allen anderen Leistungsbildern den Leistungsphasen des Leistungsbilds zugeordnet. Diese Zuordnung zu einer einzelnen Leistungsphase ist für die Feststellung von Besonderen Leistungen unerheblich: Sie gelten nur dann nicht als Besondere Leistungen, wenn sie eine Grundleistung des Leistungsbilds darstellen.

Die im Leistungsbild aufgezählten Besonderen Leistungen sind in der Tabelle in Kapitel 6 in der mittleren Spalte im Einzelnen dargestellt.

3.2.2 Besondere Leistungen aus weiteren Leistungsbildern der HOAI

Alle in der HOAI in anderen Leistungsbildern erfassten und aufgelisteten Besonderen Leistungen gelten auch für das Leistungsbild Freianlagen als Besondere Leistungen, soweit sie dort keine Grundleistungen darstellen.

Diese Regelung in § 3 Abs. 2 HOAI unterliegt ansonsten keinerlei Einschränkungen. Es ist nicht maßgeblich, aus welchem Leistungsbild die Besonderen Leistungen herrühren. Auch die in den Leistungsbildern der Flächenplanung in Anlage 9 und der „Weiteren Fachplanungs- und Beratungsleistungen" in Anlage 1 der HOAI enthaltenen Besonderen Leistungen gehören dazu. Nach dem Wortlaut des § 3 Abs. 2 HOAI können Besondere Leistungen neben Grundleistungen vereinbart werden. Diese mit der HOAI 2021 eingeführte Formulierung suggeriert, dass Besondere Leistungen, die nicht neben Grundleistungen, sondern ohne einen solchen Zusammenhang eigens vereinbart werden (sog. isolierte Besondere Leistungen), sich dem Vergütungssystem der HOAI entziehen. Ein Unterschied ergibt sich hieraus jedoch nicht, auch isolierte Besondere Leistungen sind frei vereinbar.

Die in weiteren Leistungsbildern aufgezählten Besonderen Leistungen, die u.a. auch für das Leistungsbild Freianlagen greifen können, sind in der Tabelle in Kapitel 6 nicht abschließend einbezogen worden.

3.2.3 Besondere Leistungen aus dem Leistungsbild vor- und nachlaufende Leistungen

Die in Leistungsphasen erfassten und aufgelisteten Grundleistungen und Besonderen Leistungen sind für ein bestimmtes Zeit- und Bearbeitungsfenster der Flächen-, Objekt- und Fachplanungen aufgeführt. Es ist aber unbestritten, dass weitere Leistungen erforderlich sein können, die diesen Leistungsphasen vorangehen oder nachgeschaltet sind oder die nicht der Herstellung, Instandhaltung oder Instandsetzung von Objekten dienen. So beispielsweise die Leistungen für eine Bedarfsplanung nach DIN 18205 im Vorfeld der Objektplanung oder die Leistungen eines Facility-Managements nach Herstellung eines Objekts.

Nach der offeneren Begriffsbestimmung in der HOAI können auch solche Leistungen als Besondere Leistungen zugeordnet und vereinbart werden.

Solche Besonderen Leistungen, die für das Leistungsbild Freianlagen greifen können, sind in der Tabelle in Kapitel 6 nicht abschließend einbezogen worden.

3.2.4 Besondere Leistungen aus früheren, mittlerweile deregulierten HOAI-Regelungen

Mit der Neufassung der HOAI 2009 erfolgte eine umfangreiche Deregulierung von Bestimmungen, deren Verbindlichkeit als unnötig angesehen wurde und deren Vergütung nach der amtlichen Begründung seither als Besondere Leistungen stattfinden soll.

Für den Aufgabenbereich Freianlagen sind dies u.a. die folgenden Regelungen:

- § 17 Abs. 3 HOAI 2002: Gestalterische Einbindung von Ingenieurbauwerken und Verkehrsanlagen, die innerhalb von Freianlagen liegen, in die Umgebung
- § 42 Abs. 1 und 2 HOAI 2002: Sonstige städtebauliche Leistungen
- § 50 Abs. 1 und 2 HOAI 2002: Sonstige landschaftsplanerische Leistungen
- § 61 Abs. 1 bis 5 HOAI 2002: Bau- und landschaftsgestalterische Beratung, um Ingenieurbauwerke und Verkehrsanlagen planerisch in die Umgebung einzubinden

Diese Besonderen Leistungen sind in der Tabelle in Kapitel 6 im Einzelnen dargestellt.

3.2.5 Besondere Leistungen als „fremde" Grundleistungen

Siehe hierzu die Darlegungen in Kapitel 3.1.2.

3.2.6 Andere Leistungen

Die neue Definition von Leistungen war Teil der umfangreichen Deregulierungen in der Neufassung der HOAI 2009 und ist mit der HOAI 2013 wieder abgeschafft worden.

Es handelte sich um Leistungen, die neben den in Leistungsphasen erfassten und aufgelisteten Grundleistungen als weitere Leistungen erforderlich sein konnten, die nicht der Herstellung, dem Umbau, der Modernisierung, Instandhaltung oder Instandsetzung von Objekten dienen. So beispielsweise Leistungen für die Vermarktung von Objekten durch Mitwirkung bei Verkaufsgesprächen oder eigens für Marketingbroschüren erbetene Zuarbeit.

Nach der offeneren Begriffsbestimmung seit der HOAI 2013 können solche Leistungen als Besondere Leistungen eingeordnet und vereinbart werden.

4 Vergütung von Besonderen Leistungen

4.1 Regelfall der Vergütung per „freier" Vereinbarung

In der HOAI sind allein für die Vergütung von Grundleistungen Honorartafeln mit Empfehlungscharakter hinterlegt, die für jeden Leistungsbereich Honorarspannen vom Basishonorarsatz (unterer Honorarsatz) bis zum oberen Honorarsatz enthalten. Die Vergütung von Besonderen Leistungen kann frei vereinbart werden.

Ergänzend zu dieser Regelung sieht die Verordnung auch keine Formerfordernisse, etwa eine schriftliche Vereinbarung als Anspruchsvoraussetzung, vor. Ein Anspruch stellender Auftragnehmer muss jedoch belegen können, dass er eine solche freie Vereinbarung getroffen hat. In der Praxis ist deshalb eine entsprechende werkvertragliche Regelung in Textform dringend zu empfehlen.

Zur Bemessung des Honorars „in freier Vereinbarung" gilt zunächst der Grundsatz der „üblichen Vergütung" (§ 632 Abs. 2 BGB). Sie kann je nach Art der Leistung beispielsweise wie folgt hergeleitet werden:

- Bemessung nach Prozentsätzen einer Honorartafel

  Die Vergütung wird in frei zu bestimmenden Prozentsätzen der für Grundleistungen zutreffenden Honorartafel der HOAI vereinbart. Dabei muss festgelegt werden, dass der für Grundleistungen vereinbarte Honorarsatz und die anrechenbaren Kosten auch für diese Bemessung herangezogen werden.

- Bemessung nach Aufwand/Zeithonorar

  Abrechnung gemäß geleistetem Zeitaufwand auf Nachweis.

  Diese Abrechnungsart entspricht in höherem Maß der Üblichkeit und Art der Besonderen Leistungen.

  Die Abrechnung nach Aufwand setzt zunächst eine klare Definition von Inhalt und Umfang der zu erbringenden Besonderen Leistungen voraus.

  Zur Verpreisung mit Stundensätzen gelten insbesondere bei Aufträgen der öffentlichen Hand die „üblichen" Stundensätze einschließlich der im Einzelfall gebotenen Nachweisführung (wer, wie lange, an welchem Tag, welche Leistung erbracht hat).

Bei der Bemessung von Honoraren für Besondere Leistungen ist das Gebot der Verhältnismäßigkeit und Angemessenheit zu den erbrachten Leistungen zu berücksichtigen.

Hierbei ist es beispielsweise von Bedeutung, die Leistung an den folgenden Kriterien zu orientieren:

- eine sachgerechte Arbeitsweise,
- fachspezifisch gebotene Intensität,
- ein für die Erbringung gebotener personeller Aufwand,
- allgemeine Fachkenntnis oder spezielle Fachkunde der Leistenden.

Der Nachweis einer Wirtschaftlichkeit kann es gerade im Fall der Bemessung nach Aufwand und Zeitsätzen erfordern, dass die anzusetzenden Stunden- bzw. Tagessätze nachvollziehbar belegt werden. Hierfür sind individuelle Kalkulationswerte des Bieters bzw. Leistungserbringers von Wert (so z.B. nach dem AHO-Stundensatzrechner).

In Kenntnis vorbeschriebener Vergütungspraxis eröffnet die Möglichkeit der freien Vereinbarung einen angemessenen Spielraum im Einzelfall.

In allen Vergütungsformen sind die jeweiligen Nebenkosten sowie die gesetzlich geltende Umsatzsteuer zusätzlich zu berücksichtigen.

4.2 Sonderfall der Vergütung anhand tatsächlicher Kosten (Änderungsanordnung durch den Auftraggeber)

Das Werkvertragsrecht für Architekten und Ingenieure hat in § 650b BGB einen Sonderfall für Vergütungen geschaffen für den Fall, dass der Auftraggeber Änderungen begehrt und diese ggf. anordnet (Anordnungsrecht nach Änderungsbegehren des Auftraggebers).

Sofern die begehrte Änderung Auswirkungen auf den vertraglich vereinbarten Leistungsumfang hat, „streben" die Vertragsparteien gem. § 650b Abs. 1 BGB binnen 30 Tagen „Einvernehmen" über die damit einhergehende Mehr- oder Mindervergütung an. Die Vergütung kann in diesem Fall frei vereinbart werden.

Sollte kein Einvernehmen erzielt werden, hat der Auftraggeber (Besteller) das Recht, die Änderung in Textform anzuordnen. Für die infolge einer Änderungsanordnung erbrachten Grundleistungen der Leistungsbilder der Teile 2, 3 und 4 sowie für vergleichbare Leistungen der Leistungsbilder der weiteren Fachplanungs- und Beratungsleistungen in Anlage 1 der HOAI bestimmt § 650q Abs. 2 Satz 1 BGB, dass die Vergütungsanpassung für den vermehrten oder verminderten Aufwand nach den Entgeltberechnungsregeln der HOAI, also nach den dort geregelten Honorarbemessungsparametern, erfolgen muss.

Für Änderungsanordnungen des Auftraggebers hinsichtlich erbrachter Besonderer Leistungen (z.B. eines städtebaulichen Entwurfs) bestimmt § 650q Abs. 2 Satz 1 BGB, dass die Vergütungsanpassung für den vermehrten oder verminderten Aufwand nicht nach den Entgeltberechnungsregeln der HOAI, sondern nach § 650c BGB erfolgen muss, da Besondere Leistungen nach § 1 HOAI für sich betrachtet nicht in den Anwendungsbereich der Honorarordnung fallen. Damit hat eine Vergütungsbemessung auf Basis der tatsächlichen Kosten mit angemessenen Zuschlägen für allgemeine Geschäftskosten, Wagnis und Gewinn zu erfolgen.

Mit § 650b Abs. 2 BGB kann der Auftragnehmer alternativ zur Berechnung der Vergütung für den Nachtrag gemäß Absatz 1 (statt auf die tatsächlich erforderlichen Kosten) auch auf die Ansätze in einer vereinbarungsgemäß hinterlegten Urkalkulation zurückgreifen – wobei vermutet wird, dass die auf der Basis der Urkalkulation fortgeschriebene Vergütung der Vergütung nach § 650c Abs. 1 BGB entspricht.

Weitere Feinheiten dieses Sonderfalls im Hinblick auf ein Änderungsbegehren von Besonderen Leistungen werden hier nicht vertieft. Zusammenfassend ist festzustellen, dass das Werkvertragsrecht hinsichtlich von Vergütungsansprüchen aufgrund eines Änderungsbegehrens des Auftraggebers zahlreiche Bestimmungen enthält, die nach Sachlage des Einzelfalls zu betrachten sind.

4.3 Sonderfall „Übliche Vergütung" (Fehlen einer Vereinbarung oder Anordnung)

Sofern eine Beauftragung zur Erbringung von Besonderen Leistungen vorliegt, eine Vergütungsvereinbarung jedoch fehlt, bestimmt § 632 Abs. 2 BGB, dass dem Auftragnehmer die „übliche" Vergütung zusteht. Wie hoch diese „übliche" Vergütung ist, bedarf der Betrachtung des Einzelfalls. Hierunter fallen z.B. Bemessungen gemäß Zeitaufwand nach einem für Personen entsprechender Fachkunde „üblichen" Zeithonorar oder gemäß Ansatz einer Pauschale, sofern es sich um Leistungen handelt, deren Bemessung zu einem üblichen Pauschalpreis erfolgt. In einzelnen Kommentierungen wird allerdings darauf verwiesen, dass sich für Besondere Leistungen bislang keine Vergütungsmethode als allgemein üblich durchgesetzt hat. Im Zweifel wird der übliche Preis daher anhand des Einzelfalls zu prüfen sein.

5 Empfehlung

Für die Leistungsbestimmung und Preisfindung der Besonderen Leistungen wird zur professionellen Bearbeitung folgende systematische Vorgehensweise empfohlen:

- **Präzisierung des Leistungsumfangs und Abstimmung dieses Leistungsumfangs** mit dem Auftraggeber,
- **Feststellung, dass es sich um keine Grundleistungen des Leistungsbilds handelt**,
- **Ermittlung des Honorars für eine freie Vergütung,**
  unter den jeweils gegebenen Rahmenbedingungen können hierzu empfohlen werden:
  - Bemessung nach Prozentsätzen einer hilfsweise zur Orientierung herangezogenen Honorartafel,
  - Ansatz einer Pauschale mit den enthaltenen Zuschlägen für allgemeine Geschäftskosten, Wagnis und Gewinn,
  - Bemessung nach Aufwand/Zeithonorar mit den enthaltenen Zuschlägen für allgemeine Geschäftskosten, Wagnis und Gewinn,
- **Ermittlung der Nebenkosten,**
- **Darlegung einer zeitlichen Bindung des Leistungs- und Honorarangebots.**

Die in Kapitel 4 genannten Regel- und Sonderfälle münden darüber hinaus in folgende Empfehlung vorsorglicher Preispolitik:

- Einbindung allgemeiner (Auffang-) Regelungen zur Vergütung von zusätzlich hinzukommenden Besonderen Leistungen in den Vertrag,
- Praktizieren einer nachvollziehbaren Kostenkalkulation für alle anfallenden Leistungen einschließlich allgemeiner Geschäftskosten, Wagnis und Gewinn (Urkalkulation).

6 Tabelle Grundleistungen/Besondere Leistungen

Hinweise zur nachfolgenden Tabelle:

Eine Aufzählung der Besonderen Leistungen bei Freianlagen ist aus der mittleren und aus der rechten Spalte ersichtlich. Die dort genannten Besonderen Leistungen können auch in anderen als den hier zugeordneten Leistungsphasen anfallen und gelten dann dort. Die Aufzählung der Besonderen Leistungen ist in beiden Spalten nicht abschließend.

In Kapitel 7 ist ein Stichwortverzeichnis aufgenommen, das es ermöglicht, die in der Tabelle aufgeführten Grundleistungen und Besonderen Leistungen aufzufinden.

Grundleistungen/ Leistungen § 3 HOAI (Leistungen und Leistungsbilder/ Grundleistungen) § 39 HOAI (Leistungsbild Freianlagen) i.V.m. Anlage 11	**Besondere Leistungen Anlage 11 (zu § 39 Abs. 4)**	**Weitere Besondere Leistungen**
Honorare hierzu empfohlen in der Honorartafel zu § 40 Abs. 1 HOAI Freianlagen.	*Die Aufzählung ist nicht abschließend.* *Honorare können frei vereinbart werden.*	*Die Aufzählung ist nicht abschließend.* *Honorare können frei vereinbart werden.*
Leistungsphase 1: Grundlagenermittlung a) Klären der Aufgabenstellung auf Grund der Vorgaben oder der Bedarfsplanung des Auftraggebers oder vorliegender Planungs- und Genehmigungsunterlagen b) Ortsbesichtigung c) Beraten zum gesamten Leistungs- und Untersuchungsbedarf d) Formulieren von Entscheidungshilfen für die Auswahl anderer an der Planung fachlich Beteiligter e) Zusammenfassen, Erläutern und Dokumentieren der Ergebnisse	**Grundlagenermittlung** • Mitwirken bei der öffentlichen Erschließung • Kartieren und Untersuchen des Bestandes, Floristische oder faunistische Kartierungen • Begutachtung des Standortes mit besonderen Methoden zum Beispiel Bodenanalysen • Beschaffen bzw. Aktualisieren bestehender Planunterlagen, Erstellen von Bestandskarten	*1 Ermitteln von Eigentumsverhältnissen* *2 Mitwirken bei Grundstücks- und Objektauswahl, -beschaffung und -übertragung* *3 Beschaffen und Auswerten von weiteren Unterlagen, die für das Vorhaben erheblich sind, wie z.B. Auszüge aus Grundbuch, Kataster und anderen amtlichen Unterlagen, amtlicher Karten etc.* *4 Mitwirken beim Ermitteln von Fördermöglichkeiten* *5 Mitwirken beim Einholen öffentlicher und privater Finanzierungsmittel* *6 Erarbeiten einer einheitlichen Planungsgrundlage aus unterschiedlichen Grundlagen.* *7 Digitalisieren von Unterlagen* *8 Anpassen von Datenformaten*

Grundleistungen/ Leistungen § 3 HOAI (Leistungen und Leistungsbilder/ Grundleistungen) § 39 HOAI (Leistungsbild Freianlagen) i.V.m. Anlage 11	**Besondere Leistungen Anlage 11 (zu § 39 Abs. 4)**	**Weitere Besondere Leistungen**
		9 Erstellen von Leitungsbestandsplänen *10 Beurteilung von planerischen Vorleistungen weiterer Objektplaner, Fachplaner oder Bauunternehmen* *11 Erstellen einer Bedarfsplanung* *12 Erstellen einer Bedarfsermittlung* *13 Aufstellen eines Funktionsprogramms* *14 Auswahl und Besichtigung von Vergleichsobjekten* *15 Überprüfen von Zielvorgaben nach Raum- oder Flächenprogramm oder Bestandsplänen* *16 Koordinieren und Kontrollieren von vorliegenden Bestandsaufnahmen oder Bestandsaufnahmen Dritter* *17 Durchführen von technischen Substanzerkundungen, Spezialuntersuchungen (Endoskopie, Thermografie, Feuchtigkeitsmessungen, Salzuntersuchungen, restauratorische Untersuchungen etc.)* *18 Voruntersuchungen zur Festlegung von Schutzmaßnahmen allgemeiner Art oder zu Schutzmaßnahmen für Bäume, Pflanzenbestände und Vegetationsflächen bei Baumaßnahmen gem. DIN 18920* *19 Vorbereiten und Durchführen von Befragungen und Interviews zur Zielstellung der Planung* *20 Untersuchungen zum Standort oder Standortanalysen* *21 Aktualisierung vorliegender Bestandsaufnahmen und -bewertungen*

Grundleistungen/ Leistungen § 3 HOAI (Leistungen und Leistungsbilder/ Grundleistungen) § 39 HOAI (Leistungsbild Freianlagen) i.V.m. Anlage 11	**Besondere Leistungen Anlage 11 (zu § 39 Abs. 4)**	**Weitere Besondere Leistungen**
		22 Ausarbeiten von Leistungskatalogen für Leistungen Dritter *23 Verfahrensbetreuung, Mitwirken bei der Vergabe von Planungs- und Gutachterleistungen, Vergabeverfahren für Leistungen Dritter* *24 Aufstellen und Überwachen von Terminplänen unter Einbeziehung der Leistungen Dritter an der Planung beteiligter* *25 Prüfen und Bewerten von Leistungen Dritter* *26 Aufstellen einer Betriebsplanung* *27 Prüfen der Umweltverträglichkeit* *28 Erstellen einer Machbarkeitsstudie* *29 Aufstellen einer Projektstrukturplanung* *30 Zusammenstellen der Anforderungen aus Zertifizierungssystemen* *31 Erarbeiten der Planung in BIM (Building Information Modeling), siehe auch AHO Heft 11, Leistungen Building Information Modeling – Die BIM-Methode im Planungsprozess der HOAI*

Grundleistungen/ Leistungen § 3 HOAI (Leistungen und Leistungsbilder/ Grundleistungen) § 39 HOAI (Leistungsbild Freianlagen) i.V.m. Anlage 11	Besondere Leistungen Anlage 11 (zu § 39 Abs. 4)	Weitere Besondere Leistungen
Leistungsphase 2: Vorplanung (Projekt- und Planungsvorbereitung) a) Analysieren der Grundlagen, Abstimmen der Leistungen mit den fachlich an der Planung Beteiligten b) Abstimmen der Zielvorstellungen c) Erfassen, Bewerten und Erläutern der Wechselwirkungen im Ökosystem d) Erarbeiten eines Planungskonzepts einschließlich Untersuchen und Bewerten von Varianten nach gleichen Anforderungen unter Berücksichtigung zum Beispiel – der Topographie und der weiteren standörtlichen und ökologischen Rahmenbedingungen, – der Umweltbelange einschließlich der natur- und artenschutzrechtlichen Anforderungen und der vegetationstechnischen Bedingungen, – der gestalterischen und funktionalen Anforderungen,	**Vorplanung (Projekt- und Planungsvorbereitung)** • Umweltfolgenabschätzung • Bestandsaufnahme, Vermessung • Fotodokumentationen • Mitwirken bei der Beantragung von Fördermitteln und Beschäftigungsmaßnahmen • Erarbeiten von Unterlagen für besondere technische Prüfverfahren • Beurteilen und Bewerten der vorhandenen Bausubstanz, Bauteile, Materialien, Einbauten oder der zu schützenden oder zu erhaltenden Gehölze oder Vegetationsbestände	*32 Untersuchungen zum Nachweis von Nachhaltigkeitsaspekten* *33 Informelle Vorabstimmungen mit Planungsbeteiligten und Fachbehörden* *34 Untersuchen alternativer Lösungsansätze nach verschiedenen Anforderungen* *35 Einbindung der Anforderungen des vereinbarten Zertifizierungssystems in die Planung* *36 Durchführen des Zertifizierungssystems* *37 Aufstellen eines Finanzierungsplans* *38 Durchführen einer Wirtschaftlichkeitsuntersuchung* *39 (Vor)Verhandlungen über die Genehmigungsfähigkeit* *40 Durchführen einer Voranfrage (Bauanfrage)* *41 Erstellen eines Terminplans mit den wesentlichen Vorgängen des Planungs- und Bauablaufs* *42 Entwurfsbegleitung bei der Aufstellung von Bebauungsplänen und anderer übergeordneter Planungen einschl. Mitwirken beim Abfassen von Stellungnahmen zu Bedenken und Anregungen* *43 Berechnen und Darstellen von Umweltschutzmaßnahmen* *44 Erstellen von Sitzungsvorlagen für Gremien und Beratungen* *45 Stellungnahmen zu Einzelvorhaben während der Planaufstellung*

Grundleistungen/ Leistungen § 3 HOAI (Leistungen und Leistungsbilder/ Grundleistungen) § 39 HOAI (Leistungsbild Freianlagen) i.V.m. Anlage 11	**Besondere Leistungen Anlage 11 (zu § 39 Abs. 4)**	**Weitere Besondere Leistungen**
– Klären der wesentlichen Zusammenhänge, Vorgänge und Bedingungen – Abstimmen oder Koordinieren unter Integration der Beiträge anderer an der Planung fachlich Beteiligter e) Darstellen des Vorentwurfs mit Erläuterungen und Angaben zum terminlichen Ablauf f) Kostenschätzung, zum Beispiel nach DIN 276, Vergleich mit den finanziellen Rahmenbedingungen g) Zusammenfassen, Erläutern und Dokumentieren der Vorplanungsergebnisse		46 *Mitwirken an der Öffentlichkeitsarbeit des Auftraggebers einschließlich Mitwirken an Informationsschriften und öffentlichen Diskussionen sowie Erstellen der dazu notwendigen Planungsunterlagen und Schriftsätze* 47 *Erstellen und Fortschreiben eines digitalen Planungsordners* 48 *Erstellen von Verkehrswertgutachten* 49 *Verwaltung von Finanzierungsmitteln* 50 *Wohnungswirtschaftliche Verwaltungsleistungen* 51 *Leistungen für die Objektnutzung (Umsetzungen von Mietern, Mithilfe bei Vermietung, Beratungen bei Miet- und Verwaltungsverträgen)* 52 *Mitwirkung bei der Aufstellung der Teilungserklärung und Aufteilungsplänen sowie Berechnung von Mieteigentumsanteilen* 53 *Berechnung der Baukostenanteile für einzelne Eigentümer (Schaffung von Wohnungseigentum)* 54 *Übernahme der Vorplanung Dritter und Untersuchung von Realisierungsmöglichkeiten* 55 *Planung von Maßnahmen zum Schutz vorhandener Substanz* 56 *Ergänzen oder Ändern abgestimmter Vorplanungsunterlagen aufgrund besonderer Anforderungen* 57 *Gartendenkmalpflegerische Untersuchung* 58 *Gestaltungsempfehlungen für die Anlage von Freiflächen aller Art*

Grundleistungen/ Leistungen § 3 HOAI (Leistungen und Leistungsbilder/ Grundleistungen) § 39 HOAI (Leistungsbild Freianlagen) i.V.m. Anlage 11	Besondere Leistungen Anlage 11 (zu § 39 Abs. 4)	Weitere Besondere Leistungen
		59 Beratung des AG zum ressourcenschonenden und nachhaltigen Bauen *60 Anfertigen von Präsentationshilfen zum Beispiel* *– Präsentationsmodelle* *– Perspektivische Darstellungen* *– Farb- und Materialkollagen* *– Fotomontagen* *– Videopräsentationen* *– 3-D-Darstellungen* *61 Erarbeiten der Planung mittels eines digitalen Geländemodells* *62 Koordinieren der Planung und Überwachung anderer Objekte, die durch den Vertragsgegenstand/Planungsbereich nicht erfasst sind* *63 Gestalterische Einbindung von Ingenieurbauwerken oder Verkehrsanlagen in das Objekt der Freianlage* *64 Bau- und landschaftsgestalterische Beratung für Ingenieurbauwerke und Verkehrsanlagen,* *– Mitwirken beim Erarbeiten und Durcharbeiten der Vorplanung von Ingenieurbauwerken und Verkehrsanlagen in gestalterischer Hinsicht* *– Darstellen des Planungskonzepts unter Berücksichtigung städtebaulicher, gestalterischer, funktionaler, technischer und umweltbeeinflussender Zusammenhänge, Vorgänge und Bedingungen*

Grundleistungen/ Leistungen § 3 HOAI (Leistungen und Leistungsbilder/ Grundleistungen) § 39 HOAI (Leistungsbild Freianlagen) i.V.m. Anlage 11	Besondere Leistungen Anlage 11 (zu § 39 Abs. 4)	Weitere Besondere Leistungen
		– *Mitwirken beim Werten von Angeboten einschließlich Sondervorschlägen unter gestalterischen Gesichtspunkten* – *Mitwirken beim Überwachen der Ausführung des Objekts auf Übereinstimmung mit dem gestalterischen Konzept* *65 Moderation von Planungsverfahren* *66 Vor- und Nachbereiten von planungsbezogenen Sitzungen* *67 Leiten bzw. Begleiten von Arbeitsgruppen* *68 Fortschreiben des Projektstrukturplans* *69 Bereitstellen der Arbeitsergebnisse der Vorplanung als Grundlage für die Leistungen Dritter* *70 Aufbereitung der Kosten nach zusätzlichen Anforderungen des AG (vergabeweise, gewerkeweise etc.)*

Grundleistungen/ Leistungen § 3 HOAI (Leistungen und Leistungsbilder/ Grundleistungen) § 39 HOAI (Leistungsbild Freianlagen) i.V.m. Anlage 11	**Besondere Leistungen Anlage 11 (zu § 39 Abs. 4)**	**Weitere Besondere Leistungen**
Leistungsphase 3: Entwurfsplanung (System- und Integrationsplanung) a) Erarbeiten der Entwurfsplanung auf Grundlage der Vorplanung unter Vertiefung zum Beispiel der gestalterischen, funktionalen, wirtschaftlichen, standörtlichen, ökologischen, natur- und artenschutzrechtlichen Anforderungen Abstimmen oder Koordinieren unter Integration der Beiträge anderer an der Planung fachlich Beteiligter b) Abstimmen der Planung mit zu beteiligenden Stellen und Behörden c) Darstellen des Entwurfs zum Beispiel im Maßstab 1:500 bis 1:100, mit erforderlichen Angaben insbesondere – zur Bepflanzung, – zu Materialien und Ausstattungen, – zu Maßnahmen auf Grund rechtlicher Vorgaben, – zum terminlichen Ablauf	**Entwurfsplanung (System- und Integrationsplanung)** • Mitwirken beim Beschaffen nachbarlicher Zustimmungen • Erarbeiten besonderer Darstellungen, zum Beispiel Modelle, Perspektiven, Animationen • Beteiligung von externen Initiativ- und Betroffenengruppen bei Planung und Ausführung • Mitwirken bei Beteiligungsverfahren oder Workshops • Mieter- oder Nutzerbefragungen • Erarbeiten von Ausarbeitungen nach den Anforderungen der naturschutzrechtlichen Eingriffsregelung sowie des besonderen Arten- und Biotopschutzrechtes, Eingriffsgutachten, Eingriffs- oder Ausgleichsbilanz nach landesrechtlichen Regelungen • Mitwirken beim Erstellen von Kostenaufstellungen und Planunterlagen für Vermarktung und Vertrieb	*71 Analyse von Alternativen oder Varianten und deren Wertung mit Kostenuntersuchung (Optimierung)* *72 Aufstellen einer Wirtschaftlichkeitsberechnung oder eines Wirtschaftlichkeitsvergleichs zu Betriebskosten alternativer Entwürfe* *73 Überprüfung des Entwurfs aufgrund von Änderungen der Rahmenbedingungen* *74 Beratung zu Anlagen der Technischen Ausrüstung bzw. zu anderen Objekten im Objekt der Freianlage* *75 Erstellen ergänzender Massenpläne oder Massenberechnungen bzw. Massennachweise* *76 Fortschreiben des Terminplans* *77 Aufstellen und Fortschreiben einer vertieften Kostenberechnung* *78 Mitwirken bei Verwaltungsvereinbarungen* *79 Erstellen von Nachweisen zu Lichtraumprofilen* *80 Planung einer zeitlichen oder räumlichen Teilung von Leistungen, sofern diese Teilungen nicht Gegenstand der vertraglichen Vereinbarungen sind.*

Grundleistungen/ Leistungen § 3 HOAI (Leistungen und Leistungsbilder/ Grundleistungen) § 39 HOAI (Leistungsbild Freianlagen) i.V.m. Anlage 11	**Besondere Leistungen Anlage 11 (zu § 39 Abs. 4)**	**Weitere Besondere Leistungen**
d) Objektbeschreibung mit Erläuterung von Ausgleichsund Ersatzmaßnahmen nach Maßgabe der naturschutzrechtlichen Eingriffsregelung e) Kostenberechnung, zum Beispiel nach DIN 276 einschließlich zugehöriger Mengenermittlung f) Vergleich der Kostenberechnung mit der Kostenschätzung g) Zusammenfassen, Erläutern und Dokumentieren der Entwurfsplanungsergebnisse	• Erstellen und Zusammenstellen von Unterlagen für die Beauftragung von Dritten (Sachverständigenbeauftragung) • Mitwirken bei der Beantragung und Abrechnung von Fördermitteln und Beschäftigungsmaßnahmen • Abrufen von Fördermitteln nach Vergleich mit den Ist-Kosten (Baufinanzierungsleistung) • Mitwirken bei der Finanzierungsplanung • Erstellen einer Kosten-Nutzen-Analyse • Aufstellen und Berechnen von Lebenszykluskosten	*81 Koordinieren von Leitungsplanungen Dritter, Erstellung eines koordinierten Leitungsplans*

Grundleistungen/ Leistungen § 3 HOAI (Leistungen und Leistungsbilder/ Grundleistungen) § 39 HOAI (Leistungsbild Freianlagen) i.V.m. Anlage 11	Besondere Leistungen Anlage 11 (zu § 39 Abs. 4)	Weitere Besondere Leistungen
Leistungsphase 4: Genehmigungsplanung a) Erarbeiten und Zusammenstellen der Vorlagen und Nachweise für öffentlich-rechtliche Genehmigungen oder Zustimmungen einschließlich der Anträge auf Ausnahmen und Befreiungen sowie notwendiger Verhandlungen mit Behörden unter Verwendung der Beiträge anderer an der Planung fachlich Beteiligter b) Einreichen der Vorlagen c) Ergänzen und Anpassen der Planungsunterlagen, Beschreibungen und Berechnungen	**Genehmigungsplanung** • Teilnahme an Sitzungen in politischen Gremien oder im Rahmen der Öffentlichkeitsbeteiligung • Erstellen von landschaftspflegerischen Fachbeiträgen oder natur- und artenschutzrechtlichen Beiträgen • Mitwirken beim Einholen von Genehmigungen und Erlaubnissen nach Naturschutz-, Fach- und Satzungsrecht • Erfassen, Bewerten und Darstellen des Bestandes gemäß Ortssatzung • Erstellen von Rodungs- und Baumfällanträgen • Erstellen von Genehmigungsunterlagen und Anträgen nach besonderen Anforderungen • Erstellen eines Überflutungsnachweises für Grundstücke • Prüfen von Unterlagen der Planfeststellung auf Übereinstimmung mit der Planung	*82 Erstellen von Befreiungsanträgen* *83 Änderung von Teilungsplänen nach bauaufsichtlichen Kriterien und den Anforderungen der Wohnungsaufsicht* *84 Mitwirken beim Einreichen der Abgeschlossenheitsbescheinigung zum Objekt der Freianlagen* *85 Mitwirken beim Erreichen von Grundbucheintragungen* *86 Fachliche und organisatorische Unterstützung des Auftraggebers in rechtlichen Auseinandersetzungen und Widerspruchsverfahren* *87 Umweltbaubegleitung/Ökologische Baubegleitung* *88 Aufbereiten des Zahlenmaterials für eine Objektdatei, z.B. Kompensationskataster* *89 Bilanzierung der Ersatzpflanzung gemäß Baumschutzverordnung oder Satzungen* *90 Ändern der Genehmigungsunterlagen infolge von Umständen, die der Auftragnehmer nicht zu vertreten hat.* *91 Mitwirkung bei der Nachweisführung nach besonderen Anforderungen, z.B. nach Landesrecht oder gemäß besonderen Regelungen von Fördermittelgebern etc. (wie z.B. zur Barrierefreiheit, zum Brandschutz, zum Denkmalschutz)*

Grundleistungen/ Leistungen § 3 HOAI (Leistungen und Leistungsbilder/ Grundleistungen) § 39 HOAI (Leistungsbild Freianlagen) i.V.m. Anlage 11	**Besondere Leistungen Anlage 11 (zu § 39 Abs. 4)**	**Weitere Besondere Leistungen**
Leistungsphase 5: Ausführungsplanung a) Erarbeiten der Ausführungsplanung auf Grundlage der Entwurfs- und Genehmigungsplanung bis zur ausführungsreifen Lösung als Grundlage für die weiteren Leistungsphasen b) Erstellen von Plänen oder Beschreibungen, je nach Art des Bauvorhabens zum Beispiel im Maßstab 1:200 bis 1:50 c) Abstimmen oder Koordinieren unter Integration der Beiträge anderer an der Planung fachlich Beteiligter d) Darstellen der Freianlagen mit den für die Ausführung notwendigen Angaben, Detail- oder Konstruktionszeichnungen, insbesondere – zu Oberflächenmaterial, -befestigungen und -relief, – zu ober- und unterirdischen Einbauten und Ausstattungen, – zur Vegetation mit Angaben zu Arten, Sorten und Qualitäten, – zu landschaftspflegerischen, naturschutzfachlichen oder artenschutzrechtlichen Maßnahmen	**Ausführungsplanung** • Erarbeitung von Unterlagen für besondere technische Prüfverfahren (zum Beispiel Lastplattendruckversuche) • Auswahl von Pflanzen beim Lieferanten (Erzeuger)	92 *Aufstellen einer detaillierten Objektbeschreibung als Grundlage der Leistungsbeschreibung mit Leistungsprogramm* 93 *Prüfen der vom bauausführenden Unternehmen aufgrund der Leistungsbeschreibung mit Leistungsprogramm ausgearbeiteten Ausführungspläne auf Übereinstimmung mit der Entwurfsplanung* 94 *Prüfen und Anerkennen von Plänen Dritter, nicht an der Planung fachlich Beteiligter auf Übereinstimmung mit den Ausführungsplänen (z.B. Werkstattzeichnungen von Unternehmen, Aufstellungs- und Fundamentpläne nutzungsspezifischer oder betriebstechnischer Anlagen), soweit die Leistungen Anlagen betreffen, die in den anrechenbaren Kosten nicht erfasst sind* 95 *Durchführen besonderer Bemusterung von Materialien o.Ä. sowie Organisation von Bemusterungsterminen* 96 *Erarbeiten von Detailmodellen* 97 *Überprüfen erforderlicher Montagepläne der vom Objektplaner geplanten Baukonstruktionen und baukonstruktiven Einbauten auf Übereinstimmung mit der Ausführungsplanung* 98 *Objektübergreifende, integrierte Bauablaufplanung, Ablauf- und Netzpläne*

Grundleistungen/ Leistungen § 3 HOAI (Leistungen und Leistungsbilder/ Grundleistungen) § 39 HOAI (Leistungsbild Freianlagen) i.V.m. Anlage 11	**Besondere Leistungen Anlage 11 (zu § 39 Abs. 4)**	**Weitere Besondere Leistungen**
e) Fortschreiben der Angaben zum terminlichen Ablauf f) Fortschreiben der Ausführungsplanung während der Objektausführung		*99 Koordination von Dritten, die an der Planung fachlich nicht beteiligt sind (z.B. Umzugsplanung, Marketing etc.)* *100 Planung der Entwicklungs- und Unterhaltungspflege sowie von Wartungsleistungen*
Leistungsphase 6: Vorbereitung der Vergabe a) Aufstellen von Leistungsbeschreibungen mit Leistungsverzeichnissen b) Ermitteln und Zusammenstellen von Mengen auf Grundlage der Ausführungsplanung c) Abstimmen oder Koordinieren der Leistungsbeschreibungen mit den an der Planung fachlich Beteiligten d) Aufstellen eines Terminplans unter Berücksichtigung jahreszeitlicher, bauablaufbedingter und witterungsbedingter Erfordernisse e) Ermitteln der Kosten auf Grundlage der vom Planer bepreisten Leistungsverzeichnisse f) Kostenkontrolle durch Vergleich der vom Planer bepreisten Leistungsverzeichnisse mit der Kostenberechnung g) Zusammenstellen der Vergabeunterlagen	**Vorbereitung der Vergabe** • Alternative Leistungsbeschreibung für geschlossene Leistungsbereiche • Besondere Ausarbeitungen zum Beispiel für Selbsthilfearbeiten	*101 Aufstellen eines Vergabeterminplans* *102 Aufstellen der Leistungsbeschreibungen mit Leistungsprogramm (Funktionalausschreibung) auf der Grundlage der detaillierten Objektbeschreibung* *103 Aufstellen von vergleichenden Kostenübersichten unter Auswertung der Beiträge anderer an der Planung fachlich Beteiligter* *104 Übergabe der Ausschreibungsunterlagen in verschiedenen Datenformaten oder Sprachen* *105 Überprüfen von Liefermöglichkeiten von Pflanzen vor der Ausschreibung* *106 Erstellen eines Kostenvoranschlags nach DIN 276 2018-12* *107 Erstellen einer Leistungsbeschreibung oder Mengenermittlung für Entwicklungs- und Unterhaltungspflege und von Wartungsleistungen* *108 Vorbereiten von Teilnahmewettbewerben* *109 Modifizieren von bereits aufgestellten Leistungsverzeichnissen unter besonderer Zielsetzung (z.B. Mitwirkung bei Pauschalvergaben)*

Grundleistungen/ Leistungen § 3 HOAI (Leistungen und Leistungsbilder/ Grundleistungen) § 39 HOAI (Leistungsbild Freianlagen) i.V.m. Anlage 11	**Besondere Leistungen Anlage 11 (zu § 39 Abs. 4)**	**Weitere Besondere Leistungen**
Leistungsphase 7: Mitwirkung bei der Vergabe a) Einholen von Angeboten b) Prüfen und Werten der Angebote einschließlich Aufstellen eines Preisspiegels nach Einzelpositionen oder Teilleistungen, Prüfen und Werten der Angebote zusätzlicher und geänderter Leistungen der ausführenden Unternehmen und der Angemessenheit der Preise c) Führen von Bietergesprächen d) Erstellen der Vergabevorschläge, Dokumentation des Vergabeverfahrens e) Zusammenstellen der Vertragsunterlagen f) Kostenkontrolle durch Vergleichen der Ausschreibungsergebnisse mit den vom Planer bepreisten Leistungsverzeichnissen und der Kostenberechnung g) Mitwirken bei der Auftragserteilung	**Mitwirkung bei der Vergabe**	*110 Prüfen und Werten von Nebenangeboten mit Auswirkungen auf die abgestimmte Planung* *111 Mitwirken bei der Mittelabflussplanung* *112 Fachliche Vorbereitung und Mitwirken bei Nachprüfungsverfahren* *113 Prüfen und Werten der Angebote aus Leistungsbeschreibung mit Leistungsprogramm einschließlich Preisspiegel* *114 Aufstellen, Prüfen und Werten von Preisspiegeln nach besonderen Anforderungen* *115 Erstellen alternativer Preisspiegel für verschiedene Materialvarianten* *116 Aufstellen einer vergleichenden Zusammenstellung von Pflege- und Folgekosten* *117 Prüfen der Preiskalkulation der Unternehmer* *118 Prüfen von Angeboten für Entwicklungs- und Unterhaltungspflege und von Wartungsleistungen* *119 Durchführen und/oder Begleiten von Teilnahmewettbewerben und Wertung der Teilnahmeanträge* *120 Koordinieren der Vergaben der Fachplaner* *121 Mitwirkung bei Absageschreiben* *122 Mitwirkung bei Aufhebungen von Ausschreibungen*

Grundleistungen/ Leistungen § 3 HOAI (Leistungen und Leistungsbilder/ Grundleistungen) § 39 HOAI (Leistungsbild Freianlagen) i.V.m. Anlage 11	**Besondere Leistungen Anlage 11 (zu § 39 Abs. 4)**	**Weitere Besondere Leistungen**
Leistungsphase 8: Objektüberwachung (Bauüberwachung) a) Überwachen der Ausführung des Objekts auf Übereinstimmung mit der Genehmigung oder Zustimmung, den Verträgen mit ausführenden Unternehmen, den Ausführungsunterlagen, den einschlägigen Vorschriften sowie mit den allgemein anerkannten Regeln der Technik b) Überprüfen von Pflanzen- und Materiallieferungen c) Abstimmen mit den oder Koordinieren der an der Objektüberwachung fachlich Beteiligten d) Fortschreiben und Überwachen des Terminplans unter Berücksichtigung jahreszeitlicher, bauablaufbedingter und witterungsbedingter Erfordernisse e) Dokumentation des Bauablaufes (zum Beispiel Bautagebuch), Feststellen des Anwuchsergebnisses f) Mitwirken beim Aufmaß mit den bauausführenden Unternehmen g) Rechnungsprüfung einschließlich Prüfen der Aufmaße der ausführenden Unternehmen	**Objektüberwachung (Bauüberwachung)** • Dokumentation des Bauablaufs nach besonderen Anforderungen des Auftraggebers • fachliches Mitwirken bei Gerichtsverfahren • Bauoberleitung, künstlerische Oberleitung • Erstellen einer Freianlagenbestandsdokumentation	*123 Plausibilitätsprüfung von Absteckungen* *124 Aufstellen, Überwachen und Fortschreiben eines Zahlungsplans* *125 Aufstellen, Überwachen und Fortschreiben von differenzierten Zeit-, Kosten- oder Kapazitätsplänen* *126 Tätigkeit als verantwortlicher Bauleiter, soweit diese Tätigkeit nach jeweiligem Landesrecht über die Grundleistungen der Leistungsphase 8 hinausgeht* *127 Objektüberwachung nach besonderen Anforderungen, wie z.B. Bauen unter vorgezogener Inbetriebnahme, Nachteinsätze, Wochenend- und Feiertagsarbeit, soweit diese nicht vertraglich vereinbart sind* *128 Kostensteuerung* *129 Aufstellung von Kosten (Zusatzkosten) bei Weiterverkauf an andere Erwerber* *130 Bauzeitverlängerung und Verlängerung des Bauüberwachungszeitraums über die vertragliche Vereinbarung hinaus, sofern nicht vom Planer verursacht* *131 Erstellen von Flächenberechnungen als Grundlage und Nachweis der Flächenangaben für den Verkauf*

Grundleistungen/ Leistungen § 3 HOAI (Leistungen und Leistungsbilder/ Grundleistungen) § 39 HOAI (Leistungsbild Freianlagen) i.V.m. Anlage 11	Besondere Leistungen Anlage 11 (zu § 39 Abs. 4)	Weitere Besondere Leistungen
h) Vergleich der Ergebnisse der Rechnungsprüfungen mit den Auftragssummen einschließlich Nachträgen i) Organisation der Abnahme der Bauleistungen unter Mitwirkung anderer an der Planung und Objektüberwachung fachlich Beteiligter, Feststellung von Mängeln, Abnahmeempfehlung für den Auftraggeber j) Antrag auf öffentlich-rechtliche Abnahmen und Teilnahme daran k) Übergabe des Objekts l) Überwachen der Beseitigung der bei der Abnahme festgestellten Mängel m) Auflisten der Verjährungsfristen für Mängelansprüche n) Überwachen der Fertigstellungspflege bei vegetationstechnischen Maßnahmen o) Kostenkontrolle durch Überprüfen der Leistungsabrechnung der bauausführenden Unternehmen im Vergleich zu den Vertragspreisen		*132 Mitwirken bei der Neuvergabe von Bauverträgen nach Kündigung von Bauverträgen oder Firmeninsolvenzen (Ersatzvornahmen mit erneuter Ausschreibung, Massenermittlung, Auftragserteilung, Bauüberwachung, Abnahmen und Rechnungsprüfung)* *133 Aufstellung von Firmenrechnungen und dazugehörigem Aufmaß auf Anforderung des Auftraggebers* *134 Vorbereitung und Begleitung der Eigenleistungen des Auftraggebers (Selbsthilfe bei den Bauausführungen* *135 Überwachen von rationalisierungswirksamen Leistungen* *136 Abfordern oder Prüfen von Freistellungsbescheinigungen, Abrechnung des Steuerabzugs (Bauabzugssteuer)* *137 Mitwirken bei der Überwachung der Ausführung von Tragwerken wie Stützwände, Stege, Überbrückungen und Durchlässe sowie bei Leistungen, die Bestandteil der anrechenbaren Kosten anderer Objekte sind* *138 Überwachen der Ausführung von Tragwerken mit sehr geringen und geringen Planungsanforderungen auf Übereinstimmung mit dem Standsicherheitsnachweis* *139 Ermitteln von Kostenrichtwerten auf Grundlage der Kostenfeststellung* *140 Zustandsfeststellungen*

Grundleistungen/ Leistungen § 3 HOAI (Leistungen und Leistungsbilder/ Grundleistungen) § 39 HOAI (Leistungsbild Freianlagen) i.V.m. Anlage 11	Besondere Leistungen Anlage 11 (zu § 39 Abs. 4)	Weitere Besondere Leistungen
p) Kostenfeststellung, zum Beispiel nach DIN 276 q) Systematische Zusammenstellung der Dokumentation, zeichnerischen Darstellungen und rechnerischen Ergebnisse des Objekts		
Leistungsphase 9: Objektbetreuung und Dokumentation a) Fachliche Bewertung der innerhalb der Verjährungsfristen für Gewährleistungsansprüche festgestellten Mängel, längstens jedoch bis zum Ablauf von 5 Jahren seit Abnahme der Leistung, einschließlich notwendiger Begehungen b) Objektbegehung zur Mängelfeststellung vor Ablauf der Verjährungsfristen für Mängelansprüche gegenüber den ausführenden Unternehmen c) Mitwirken bei der Freigabe von Sicherheitsleistungen	**Objektbetreuung und Dokumentation** • Überwachung der Entwicklungs- und Unterhaltungspflege • Überwachen von Wartungsleistungen • Überwachen der Mängelbeseitigung innerhalb der Verjährungsfrist	*141 Aufstellen von Ausrüstungs- und Inventarverzeichnissen* *142 Erstellen von Wartungs- und Pflegeanweisungen* *143 Erstellen eines Instandhaltungskonzepts* *144 Durchführen einer Objektbeobachtung* *145 Leistungen zur Objektverwaltung* *146 Baubegehungen nach Übergabe* *147 Evaluieren von Wirtschaftlichkeitsberechnungen* *148 Überprüfung von Betriebskostenanalysen*

7 Stichwortverzeichnis Besondere Leistungen

	Leistungsphase	Besondere Leistung gem. Anlage 11 HOAI	Nr. weitere Besondere Leistung	Seite
L				
Landschaftspflegerische Fachbeiträge oder natur- und artenschutzrechtliche Beiträge erstellen	4	X		24
Landschaftsplanerische Leistungen				8
Lebenszykluskosten berechnen, aufstellen	3	X		23
Leistungen Dritter prüfen und bewerten	1		25	17
Leistungen für die Objektnutzung	2		51	19
Leistungsbeschreibung mit Leistungsprogramm aufstellen	6		102	26
Leistungskataloge für Dritte ausarbeiten	1		22	17
Leistungsverzeichnisse unter besonderer Zielsetzung modifizieren	6		109	26
Leitungsbestandspläne erstellen	1		9	16
Lichtraumprofilnachweis erstellen	3		79	22
Liefermöglichkeiten überprüfen	6		105	26
M				
Machbarkeitsstudien erstellen	1		28	17
Mängelbeseitigung überwachen	9	X		30
Marketingbroschüren (Mitwirkung)				8
Massenpläne oder -berechnungen ergänzen	3		75	22
Mieter- oder Nutzerbefragungen	3	X		22
Mittelabflussplanung (Mitwirkung)	7		111	27
Moderation von Planungsverfahren	2		65	21
Montagepläne auf Übereinstimmung mit Ausführungsplanung prüfen	5		97	25

	Leistungsphase	Besondere Leistung gem. Anlage 11 HOAI	Nr. weitere Besondere Leistung	Seite
Sitzungen vor- und nachbereiten	2		66	21
Sitzungsvorlagen erstellen	2		44	18
Städtebauliche Leistungen				8
Standortanalysen, Untersuchungen zum Standort	1		20	16
Stellungnahmen zu Einzelvorhaben	2		45	18
Substanzerkundungen, Spezialuntersuchungen durchführen	1		17	16

T

Teilnahmewettbewerbe durchführen/begleiten/auswerten	7		119	27
Teilnahmewettbewerbe vorbereiten	6		108	26
Teilungserklärung (Mitwirkung bei der Aufstellung)	2		52	19
Teilungspläne nach bauaufsichtlichen Kriterien ändern	4		83	24
Terminpläne fortschreiben	3		76	22
Terminpläne mit wesentlichen Vorgängen des Planungs- und Bauablaufs erstellen	2		41	18
Terminpläne unter Einbeziehung Leistungen Dritter aufstellen und überwachen	1		24	17

U

Überflutungsnachweis erstellen	4	X		24
Überwachen der Ausführung von Tragwerken auf Übereinstimmung mit Standsicherheitsnachweis	8		138	29
Überwachungsmitwirkung bei der Ausführung von Leistungen außerhalb der anrechenbaren Kosten	8		137	29

Ausschuss der Verbände und Kammern
der Ingenieure und Architekten
für die Honorarordnung e.V.

Der AHO – Tradition und gewachsene Kompetenz

Der AHO Ausschuss der Verbände und Kammern der Ingenieure und Architekten für die Honorarordnung e.V. ist der Zusammenschluss maßgeblicher Ingenieurverbände, der Länderingenieurkammern Deutschlands und einiger Architektenkammern und -verbände. Als Fachverband wahrt und vertritt er die Honorar- und Wettbewerbsinteressen von Ingenieuren und Architekten.

Die Facharbeit des AHO wird in themenbezogen zusammengestellten Arbeitsgremien von hochqualifizierten Ingenieuren und Architekten ehrenamtlich geleistet. Im Mittelpunkt stehen die Diskussionen von Grundsatzfragen zum Honorar- und Wettbewerbsrecht, die Weiterentwicklung der bestehenden Leistungsbilder der Verordnung über die Honorare für Architekten- und Ingenieurleistungen (Honorarordnung für Architekten und Ingenieure – HOAI) sowie die Erarbeitung neuer Leistungsbilder. Beratungsergebnisse aus den einzelnen Arbeitsgremien werden in der Schriftenreihe des AHO als Praxishilfe für Auftragnehmer und Auftraggeber veröffentlicht.

Ausschuss der Verbände und Kammern
der Ingenieure und Architekten
für die Honorarordnung e.V.

Mitgliedsorganisationen im AHO

Verbände

abv Arbeitskreis Beratende Ingenieure – Vermessung – im BDB Baden-Württemberg

BAB Berufsverband freischaffender Architekten und Bauingenieure e.V.

BDB Bund Deutscher Baumeister, Architekten und Ingenieure e.V.

BDG Berufsverband Deutscher Geowissenschaftler e.V.

BDK Bundesverband Deutscher Baukoordinatoren e.V.

BDVI Bund der Öffentlich bestellten Vermessungsingenieure e.V.

BVPI Bundesvereinigung der Prüfingenieure für Bautechnik e.V.

BVS Bundesverband öffentlich bestellter und vereidigter sowie qualifizierter Sachverständiger e.V.

DVP Deutscher Verband der Projektmanager in der Bau- und Immobilienwirtschaft e.V.

IGVB Ingenieurverband Geoinformation und Vermessung Bayern e.V.

UBF Unabhängige Berater für Fassadentechnik e.V.

VBI Verband Beratender Ingenieure

VDI Verein Deutscher Ingenieure e.V.

VDV Verband Deutscher Vermessungsingenieure e.V.

VIV Verband der Ingenieurbüros für Verkehrstechnik e.V.

V.S.G.K. Verband der Sicherheits- und Gesundheitsschutzkoordinatoren Deutschlands e.V.

Kammern

Architektenkammer Baden-Württemberg

Architektenkammer der Freien Hansestadt Bremen

Architektenkammer Sachsen

Architektenkammer Thüringen

Architekten- und Ingenieurkammer Schleswig-Holstein

Architekten- und Stadtplanerkammer Hessen

Baukammer Berlin

Bayerische Architektenkammer

Bayerische Ingenieurekammer-Bau

Brandenburgische Ingenieurkammer

Hamburgische Ingenieurkammer-Bau

Ingenieurkammer Baden-Württemberg

Ingenieurkammer-Bau Nordrhein-Westfalen

Ingenieurkammer der Freien Hansestadt Bremen

Ingenieurkammer des Saarlandes

Ingenieurkammer Hessen

Ingenieurkammer Mecklenburg-Vorpommern

Ingenieurkammer Niedersachsen

Ingenieurkammer Rheinland-Pfalz

Ingenieurkammer Sachsen

Ingenieurkammer Sachsen-Anhalt

Ingenieurkammer Thüringen

Außerordentliche Mitglieder

BDIA Bund Deutscher Innenarchitekten e.V.

bdla Bund Deutscher Landschaftsarchitekten

SRL Vereinigung für Stadt-, Regional- und Landesplanung e.V.

VFA Vereinigung Freischaffender Architekten Deutschlands e.V.

Ausschuss der Verbände und Kammern
der Ingenieure und Architekten
für die Honorarordnung e.V.

Veröffentlichungen in der Schriftenreihe des AHO

Alle Hefte der AHO-Schriftenreihe verstehen sich als unverbindliche Honorierungsempfehlungen und Praxishilfen.

Die bisher erschienenen Hefte können – sofern nichts anderes angegeben ist – beim AHO direkt bezogen werden. Ihre Bestellung können Sie online unter www.aho.de/schriftenreihe oder per E-Mail unter schriftenreihe@aho.de aufgeben.

Alle Hefte werden kartoniert im Format 16,5 x 24,4 cm veröffentlicht. Alle angegebenen Preise sind Bruttopreise inkl. gesetzl. MwSt. zzgl. Versandkosten.

Nr. 1 **HOAI – Planen und Bauen im Bestand Arbeitshilfen zur Bestimmung der anrechenbaren Kosten aus mitzuverarbeitender Bausubstanz und des Zuschlags für Umbauten und Modernisierungen**
ISBN 978-3-8462-0990-5, 2., vollständig überarbeitete und erweiterte Auflage 2018, 200 Seiten, 32,80 €

Nr. 2 **Örtliche Bauüberwachung bei Ingenieurbauwerken und Verkehrsanlagen – Leistungsbild und Honorierung**
ISBN 978-3-8462-0431-3, 2014, 36 Seiten, 14,80 €

Nr. 3 **HOAI – Besondere Leistungen bei der Tragwerksplanung**
ISBN 978-3-8462-0767-3, 5. vollständig überarbeitete Auflage 2017, 72 Seiten, 16,80 €

Nr. 4 **HOAI – Besondere Leistungen bei der Planung von Objekten der Wasser- und Abfallwirtschaft nach Teil 3 Abschnitt 3, § 41 HOAI 2013**
ISBN 978-3-8462-0824-3, 3. vollständig überarbeitete Auflage 2017, 52 Seiten, 16,80 €

Nr. 5 **HOAI – Verkehrsplanerische Leistungen – Leistungsbeschreibung mit Honorarvorschlag**
ISBN 978-3-8462-0768-0, 2. vollständig überarbeitete Auflage 2018, 80 Seiten, 24,80 €

Nr. 6 **HOAI – Besondere Leistungen bei der Planung von Anlagen der Technischen Ausrüstung nach Teil 4 Abschnitt 2, Anlage 15, Nr. 15.1 HOAI 2013**
ISBN 978-3-8462-0317-0, 3. vollständig überarbeitete Auflage 2014, 64 Seiten, 14,80 €

Nr. 7 **HOAI – Besondere Leistungen bei der Planung von Ingenieurbauwerken nach Teil 3 Abschnitt 3, § 41 Nr. 6 (konstruktive Ingenieurbauwerke für Verkehrsanlagen) und Nr. 7 (sonstige Einzelbauwerke, ausgenommen Gebäude und Freileitungsmaste) HOAI 2013**
ISBN 978-3-8462-0436-8, 2. vollständig überarbeitete Auflage 2015, 52 Seiten, 14,80 €

Nr. 8 **Untersuchungen zum Leistungsbild und zur Honorierung für den Planungsbereich „Altlasten"**
ISBN 978-3-89817-914-0, 2. vollständig überarbeitete Auflage 2010, 76 Seiten, 21,80 €

Ausschuss der Verbände und Kammern
der Ingenieure und Architekten
für die Honorarordnung e.V.

Nr. 9 **Projektmanagement in der Bau- und Immobilienwirtschaft – Standards für Leistungen und Vergütung**
ISBN 978-3-8462-1120-5, 5., vollständig überarbeitete und erweiterte Auflage 2020, 246 Seiten, 41,80 €

Nr. 10 **GIS-Dienstleistungen, Teil A: Leistungsphasen nach GIS-Basissystemen**
ISBN 978-3-8462-0889-2, 2017, 32 Seiten, 16,80 €

Nr. 11 **Leistungen Building Information Modeling – Die BIM-Methode im Planungsprozess der HOAI**
ISBN 978-3-8462-1002-4, 2019, 80 Seiten, 24,80 €

Nr. 12 **HOAI – Arbeitshilfen zur Vereinbarung von Ingenieurverträgen für die Bearbeitung von Generalentwässerungsplänen (GEP)**
ISBN 978-3-8462-0437-5, 2. vollständig überarbeitete und erweiterte Auflage 2014, 64 Seiten, 14,80 €

Nr. 13 **HVA F-StB – Benutzerhinweise zur Verhandlung und Abfassung von Ingenieurverträgen (im Straßen- und Brückenbau)**
zzt. in Überarbeitung

Nr. 14 **HOAI – Tafelfortschreibung Erweiterte Honorartabellen (§§ 20.1, 21.1, 28.1, 29.1, 30.1, 31.1, 32.1, 35.1, 40.1, 44.1, 48.1, 52.1, 56.1, Anlage 1, Nr. 1.1 und 1.2)**
ISBN 978-3-8462-0710-9, 3. vollständig überarbeitete und erweiterte Auflage 2016, 60 Seiten, 21,80 €

Nr. 15 **Leistungen nach der Baustellenverordnung – Leistungsbild und Honorierung**
ISBN 978-3-89817-940-9, 2. vollständig überarbeitete und erweiterte Auflage 2011, 48 Seiten, 14,80 €

Nr. 16 **Untersuchungen zum Leistungsbild und zur Honorierung für das Facility Management Consulting**
ISBN 978-3-89817-841-9, 4. vollständig überarbeitete und erweiterte Auflage 2010, 128 Seiten, 28,80 €

Nr. 17 **Leistungen für Brandschutz – Leistungsbild und Honorierung**
ISBN 978-3-8462-0540-2, 3. vollständig überarbeitete Auflage 2015, 64 Seiten, 14,80 €

Nr. 18 **Planungsbereich „Baufeldfreimachung / Rückbau" – Leistungsbild und Honorierung**
ISBN 978-3-8462-0234-0, 2. vollständig überarbeitete Auflage 2014, 64 Seiten, 14,80 €

Nr. 19 **Ergänzende Leistungsbilder im Projektmanagement für die Bau- und Immobilienwirtschaft – Leistungsbild und Honorierung**
ISBN 978-3-8462-0049-0, 2. vollständig überarbeitete Auflage 2018, 328 Seiten, 41,80 €